魚浪 김용태 시집

새벽 이슬 내린 흔적 그 자리

한누리미디어

국립중앙도서관 출판시도서목록(CIP)

새벽 이슬 내린 흔적 그 자리 : 김용태 시집 / 지은이: 김용태. — 서울 : 한누리미디어, 2012
p. ; cm

ISBN 978-89-7969-418-5 03810 : ₩8000

한국 현대시[韓國 現代詩]

811.7-KDC5
895.715-DDC21 CIP2012001309

시집을 내면서

다시 인사드립니다.

비통함과 좌절 그러면서도 삶으로 받아들여야 하는 현실, 사랑의 실천을 마다하지 않는 힘겨운 삶, 총구를 통과한 빈 총알에 맞고 바들바들 떨며 널브러진 날갯짓에 날개가 부러진 시인은 '새벽 이슬 내린 흔적 그 자리' 를 올려놓고 싶습니다.

한 여인을 가슴에 묻고 뼈마디가 저려 오는 그리움, 철 따라 나타나는 신비로운 변화로 인한 흥분, 세월이 지남에 따라 다가오는 한계는 허무한 존재로 남아 기억되고, 그리고 정보 속에서 살면서 매양 설익은 채 무디어지지만 그렇다고 해서 절대로 물러설 수 없는 한판 승부, 새로움을 추구하는 상상과 감정을 통한 리듬….

나에겐 아직 살아야 할 삶의 전부이기에 독자분들의 애정어린 관심을 부탁드리면서 최선을 다하는 작품만큼은 남겨지도록 노력할 것입니다.

그동안 시작詩作의 세계로 이끌어 주신 선후배님들을 비롯하여 특히 발문을 써주신 시인이며 문학평론가이신 홍윤기 박사님, 작품해설을 흔쾌히 맡아주신 한국문협 시분과 회장 김용오 시인께 심심한 감사를 드리며, 어려운 여건에서도 흔쾌히 출판을 맡아주신 한누리미디어 김재엽 사장님께도 감사드립니다.

魚浪 識

발문

순수서정과 삶의 윤리적 미학

홍윤기
국제뇌교육종합대학원대학교 국학과 석좌교수
한국문인협회 고문/ 국제펜클럽 한국본부 고문
일본센슈대학 대학원 국문과 문학박사(시문학)

일찍이 영국 시인 T.S 엘리엇(T.S Eliot, 1888~1965)은 시창작의 현장을 '작업장' 으로 비유하면서 동시에 시비평詩批評 방법으로서의, '워크샵 크리티시즘' (workshop criticism/ 작업장 비평)을 주창했다. 그것은 타성적이며 진부하고 고루한 종래의 낡은 시작詩作 행위를 탈피하여 참신한 새로운 시의 경지를 구축하자는 것이었다.

이는 엘리엇의 신고전주의 문학론의 전개 과정에서 등장한 방법론이기도 했다. 즉 소재가 낡았다 하여 작품의 내용이 낡은 것은 아니다. 기존의 제재題材를 가지고 얼마나 새롭게 쓰느냐 하는 것에 그 시인의 능력을 평가할 수 있다는 것에 새로운 포인트를 맞추고 있다.

필자는 김용태 시인의 대표시로 평가받고 있는 〈어미의 소망〉을 재음미하면서 엘리엇의 시작 방법론을 연상하지 않을 수 없었다. 이 작품의 전개 방법은 김용태 시인에게도 엘리엇적인 로맨티

시즘의 신고전적 해석이 시의 인스피레이션(靈感)으로서 작용하고 있다는 것을 파악하게 되었다.

한국인의 윤리와 정서에는 '온고지신' 이라는 훌륭한 가르침이 있다. 그와 마찬가지 견지에서 이 작품을 대하며 시인이 다루는 소재는 옛날 것이로되 새로운 이미지의 시창작적 전개를 하고 있음을 우선 새롭게 인식할 수 있었다.

옛 제재를 가지고 얼마나 참신한 콘텐츠를 엮어내느냐에 따라서 그 시인의 역량이며 뛰어난 이미지화의 표현력이 나타나기 마련이다. 더구나 이 시 전체로서의 다양하고도 다채로운 상징적 메타포(metaphor, 隱喩)는 수사修辭의 하이퍼볼(hyperbole, 誇張法)을 도입하면서도 자연스러우면서 신선한 이미지를 창출하는 성과를 이루고 있어 시인의 시재를 평가하게 된다. 유능한 시인은 세련된 은유의 기법을 통하여 기성적인 관념을 불식하면서, 새로운 가치관의 미학적 이미지를 엮어낸다.

김용태 시인은 오늘의 시대가 새롭게 요구하는 시창작의 새로운 형상화 작업을 이루어내고 있다는 것을 깨닫게 하고 있다. 필자는 "현대시는 메타포에 의해서 그 생명력을 발휘한다" 고 항상 주장하여 왔거니와 김용태 시인의 메타포 수법은 독자들로 하여금 자못 감동적일 따름이다.

"큰 놈의 어미였습니다/ 그리고 작은 놈의 어미로/ 소중한 것으로 채워 주기 위해/ 삶으로 살아 숨 쉬는/ 젖줄을 터놓았습니다// 터놓은 젖줄을 붙잡고/ 큰 놈은 보채고/ 작은 놈은 엄마의 마음과 무릎에/ 자리를 잡았습니다" 라는 이 현실적 삶의 치열한 아픔속에서의 참다운 존재적 윤리 의식의 이미지화 작업은 무릇 독자에게 감동을 주지 않을 수 없다. 시는 감동의 페노미나 구축이다. 여기서 김용태 시인의 시작품들을 총체적으로 개괄하여 고찰할 때 가장 주목되는 두드러진 사실은 시작법에 있어서 환기적 기능이 작용하고 있다는 점이다.

그와 같은 시적 방법론은 시인들이 흔히 쓰는 언어에는 지시적 기능과 환기적 기능이 작용하고 있는데, 김용태 시인의 경우는 서정 이미지가 잘 다듬어진 역동적 시어와 함께 능수능란한 메타포(metaphor/ 은유)의 솜씨로써 뛰어난 테크닉을 발휘하고 있다는 점이다. 그것은 곧 유능한 시인의 환기적 창작 역량의 발로이다. 또한 우리는 김용태 시인의 이번 시집을 통해서 이 시인의 문학적 판타지(fantasy/ 환상)의 미학과 접목되는 현실적 리얼리티(reality/ 진실성)의 조화로운 시적 구상화 작업도 아울러 평가하게 된다.

과연 유능한 시인의 기준은 무엇인가. 그것은 곧 '남들이 보지 못하는 사물을 투시透視하는 능력을 가진 시인' 을 가리킨다. 남이 모두 함께 바라보고 있는 콘텐츠(내용)를 시라고 써놓아 본들 과연 무슨 가치가 있을 것인가.

남이 지금까지 찾아내지 못한 이미지의 세계를 꿰뚫어내어 새롭게 써낼 때, 그 시의 참신한 새로운 창작성과 존재 가치가 성립되기 마련이다. 남들이 눈으로 보지 못하는 것을 끄집어내서 환기적 시작법으로써 아름답고 세련된 시세계를 보여준 김용태 시인을 두고 우리는 유능하다고 평가하게 된다. 동시에 또한 우리는 김용태 시인의 서정의 시세계를 탐닉하면서 이번에는 우리가 함께 그의 심미적인 서정의 역사 인식의 새로운 이미지 전개를 하고 있는 이 시집의 여러 작품을 진지하게 감상해 보기로 하자. 그러면서 우리는 다시금 폭넓은 그의 시세계로 함께 접어들게 된다.

필자는 서정시인으로서 역사적으로 높이 평가하는 시인이 둘 있다. 한 분은 우리나라의 황진이(黃眞伊, 16C)이며, 서양에서는 영국의 대표적 여류시인 크리스티나 로제티(Rossetti, Christina Georgina, 1830~1894)다. 서두에서 제시했던 김용태 시인의 시집을 처음 대했을 때 필자는 순간 떠오른 것이 다름 아닌 크리스티나 로제티와 같은 진한 서정성과 동시에 인간 존재 의미를 참답게 부여하려는 윤리 의식의 이미지화 작업이었다. 그러기에 필자는 '워크샵 크리티시즘' 의 도입으로서의 미학으로 번뜩이는 크리스티나 로제티와 같은 순수하고 해맑은 서정미를 김용태 시인의 시에서 공감하게 된 것을 거듭 전하고자 한다.

필자는 한 시인에게 언제나 그의 평생에 가장 뛰어난 '한편의 시' 를 기대하며 한국 시인들의 시작품들을 끊임없이 주목해 오고 있다. 물론 이 시집에도 타작들은 있기 마련이다. 그런 작품들은 계속 개작하며 새로운 이미지화 작업에 열중해 주기를 아울러 당부한다.

아직 이 사람은 김용태 시인이 누구인지 전혀 모른다. 만나본 일이 없다. 그러나 시집 원고를 이메일로 전해 받고 난 뒤, 여러 날을 두고 거듭하여 읽었다. 내가 여기서 터득한 것은 김용태 시인이 지금부터 더욱 시어를 다듬고 세련시키는 시어 탁마를 꾸준히 이어나간다면 장차 한국시단에다 훌륭한 자기 시세계를 크게 펼칠 수 있다는 기대를 걸며 이 글을 쓰기로 했다.

거듭 밝히자면 김용태 시인에게는 진지하고도 아름다운 시적 탁마의 자세가 아포리즘의 미학으로 번뜩일 날이 반드시 찾아올 것이라는 확신이다. 우리나라에서는 1908년부터 시인 최남선(崔南善, 1890~1957)에 의해서 서양의 자유 서정시가 등장하기 시작했고 잇따라 〈진달래꽃〉의 김소월(金素月, 1903~1935) 시인, 〈빼앗긴

들에도 봄은 오는가〉의 이상화(李相和, 1900~1943) 시인, 〈봄은 고양이로다〉의 이장희(李章熙, 1902~1928) 시인과 같은 뛰어난 서정 시인들이 이 땅에 속속 등장하여 한국시단을 눈부시게 꽃피우게 된 것을 우리는 꼭 기억해 두어야 한다.

그러므로 오늘 우리는 그와 같은 한국 서정시의 맥락에서 시작업을 전개하고 있는 오늘의 김용태 시인의 새롭고도 역동적인 윤리적 서정의 시세계로 접어드는 기쁨을 누린다. 꾸준한 노력으로 더욱 새로운 아포리즘 시의 계발啓發에 역량을 발휘하여 주기를 기대하련다.

차례

한 팔 벌려 우러러

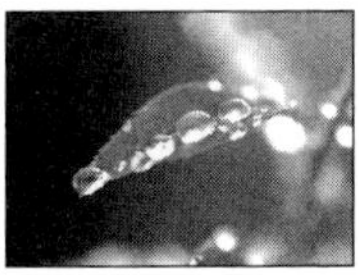

제1부

차례

홀로 두지 마소서

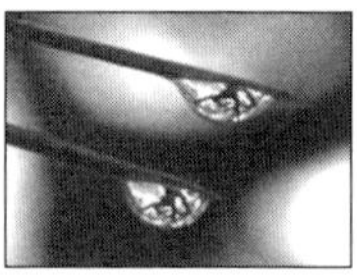

제2부

제3부

새벽 이슬 내린 흔적 그 자리

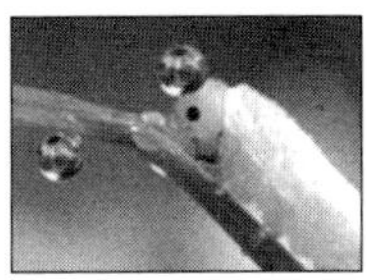

차례

색소폰과 시인

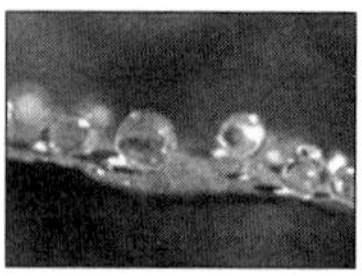

제4부

제1부

한 팔 벌려 우러러

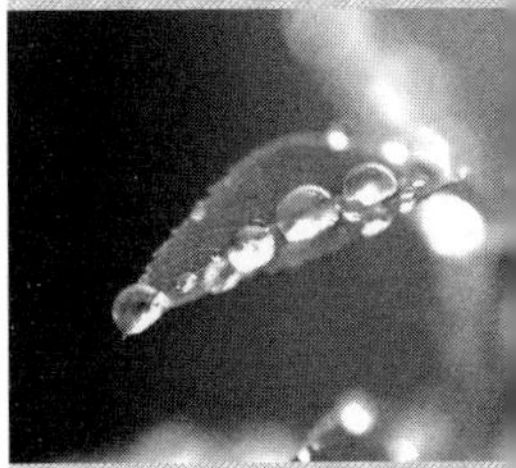

개선의 깃발

진실에 위엄으로 뿌리 내려
세월 셈 감당하지 못한
우람한 당산나무 밑
여유로운 공간

먼저 온 사람들 위안으로
뼈마디 저려온 아픔
원망도 한숨소리 듣고 견디어
지팡이 떠받침이 다이기에.

야위어가는 아픔 지켜보았듯
가지런히 정돈된 삶 속에서
함께 동행이라도 하려는 듯
품어 위로하는

진달래 빛깔 좋은 꽃 무덤
남모르게 가슴 태우며 참아온
하얗게 빛바랜
개선의 깃발 아래 주인공처럼

시작과 마지막 점 찍을 날
여정이 어디까지인지
공론도 없이 고비고비 넘기면서
아집과 오기만 고스란히 남아
개선의 하얀 깃발 아래
한세월에 묻혀 버린 여정

그대들도 안녕하신가

— 김수환 추기경님을 생각하며

헤아릴 수 없는 번뇌
값을 치루기에는
너무 사소한 것까지도
감수해야만 했던
추억의 상처 어우르며
설레임으로
꾸밈 없는 미소
곤고함으로 다져진 사랑의 손짓
그대들도 안녕하신가

허리띠 바짝 여미는 삶 더불어
나는 아닌데
그러나 반대를 못한 번민과 고뇌
지상에서의 긴 만남
머리에서 가슴으로 내려오는
긴 긴 세월
감사합니다. 사랑하십시오.

잔잔한 얼굴에
싸울 충동을 느끼면서도

섬김과 봉사로 행하며
그대들이 원한다면
나를 밟고 넘어 가시오
야무지게 꾸짖었던 위엄
그러나
누구든지 서로 존중하시오

밤하늘 별 총총 마음자리
은하수에 온몸 담가 흘러 넘쳐
쏟아지는 사랑의 신기루
온 누리에 뿌려 다져진 터전 위에
한 세상 지나 또 한 세상
어디로 홀로 가시려 하십니까.
목적을 위해
범사에 기한은 두었듯
당신을 잊기에 너무 아쉬워
가슴에서
중심으로 젖어들게 합니까.

포구

한 눈에 보아도 숨김도 없이
벗기어진 그대로
햇볕에 시커멓게 그을려
변해 버린 듯
윗사람들로부터도
지켜내지 못한 땅

바닷물도 너를 덮기를
주저하고 깃발도 거둔 채
개흙에 박혀 버린 어선들

너의 품속에서
삶을 즐기던 갈매기도
품어 안지 못하고
정든 사람도 한탄하듯
머물기를 주저한 포구

만선의 소망도 기쁨도 탈진으로
네 탓으로 고난이 컸음에도

새벽 안개만이 너를 감싸 달래느라
새벽 닭 시켜 마음껏 울어대는
울음에 어김없이 아침 해는
끌려오는 포구.

원망으로 적당히 게으른
탈진의 고통에서도 우리 다시
소망의 기쁨일랑 누려 보자꾸나.

남한강가에서

만수에 만족하고
품어 안은 곳마다
풍요로움으로 생기 돋아

강수면 용솟음이나 칠 것 같은
두려움 없지 않았지

세월의 가르치는 분량대로
침묵 속에 유유히 흐르는 강

수양버들가지 물 올라
시절 모습으로 자랑하고

아직도 찬바람 시샘 남아
멋진 노랑 바바리
단장한 개나리의 나들이

히죽거리며 온몸 움츠린
노랑 바바리의 아쉬움.

그랬듯 지금도

그리고
나는 숨을 쉰다.
폐와 툭 불거진 핏줄로
숨을 쉰다

꿈틀거리는 삶
끌어안고 영혼에 발 맞춰
지금까지 그리 살았듯

소망이 숨 쉬는 삶
폐와 툭 불거진 핏줄로
마시고 또 마시고 토한다

끝내 다
소진할 때까지
진실만을 마신다
새로워지기 위해

덕암의 하루

뙤약볕에
달구어진 오후
어느 곳 피할 수 없어
아예 포기라도 한 듯

그나마 바람 한 점
간절함에 한숨 돌려
한가히 발 담근 황새
이내 날갯짓에 멀리
그림자로 묻혀

저녁 가로등 더불어
마중 나온
별들의 아우성
개구리 울음소리 대신해
풀벌레
객기에 귀청을 달래고

옛 어린 시절 듣던
한밤 소쩍새

지난 인연 잊지 못해
새로 환생
피를 토한 울음
곤곤함이 서린
슬픈 이야기 생각난다.

어둠 속으로 깊이 묻혀
인적도 사라진
저려오는 저녁
묵혀 쌓인 피곤함으로 지쳐
기지개로
문고리를 잠근다.

놔두거라 세월아

세월아!
내 인생 비켜가거라.

바람도 나를 지나치고
太와 月도 피해 가는데
너만은 어깨 추스려
굳이 동행하고자 하느냐.

길 따라 걸어온 갈급함
아직도 靑과 氣는 有한데
놔두거라 세월아.

아니하여도
채울 수 없는 하늘 끝자락
과거만을 먹고 사는 날들

아픔이
너무 깊어도 견디어 왔고
길어도 참아 왔지 않느냐.
놔두거라 세월아.

어제와 오늘 그리고
내일은 간발의 차이

숨비의 세월
굳이
나와 동행을 서두르더라도
결코
너를 원망하고 있기에는

아직도
너를
희롱함도 있지 아니하냐.
놔두거라 세월아.

동백꽃의 사연

— 서해도 동백정에서

파도는
절벽을 붙잡고
치고 부비고 외면서도
찜부럭*거리고

저질러진
슬픈 사연들
심판 앞에선 진실을
실토하려는 뉘우침

生이었고
分身을 파도에 묻는
가슴 태운 사연 앞에

갈기갈기 찢긴
치마 여밀 사이도 없이
한숨에 달려 나온 동백정

기염을 토하는 객기의 바다
잔인함에 대한 증오

절망 속에 통곡하는
하얀 노파의 절규는

피를 토하며
여린 동백꽃에 뿌린
한恨 많은 삶의 세월이
얼마였던가?

쏟아 부어
제 몫 이루려는 해는 찰나
머무르지 못하고

옹색하게 붉은 점 하나로
흔적 없이 거대한 입속으로
빨려진 최후

슬픔 속에 통곡하며
피를 토하던 노파는
어디에 있는가.

*찜부럭 : 마음과 몸이 괴로워 짜증을 냄

너와의 집

겹겹이 겹쳐져 속내 드러나지 않은
자지러짐직 준령 한 곳
너와의 집

들림에 마다않고
한 뼘이라도 떠나려면
심술 품어

함박눈 밤새 내려
발걸음 굳이 붙잡아 늦춰서라도
머물기를 위한 여린 소망

준령 한가로운 오후
눈송이 솜처럼 피어 품어 안은
장독대 달구는 햇살

하늘이 내린
숨겨 간직하고픈
살아 숨 쉬는 땅 830m
태백의 품안이란다.

마음 머문 곳

파도는 외쳐 부르짖다
한숨 돌려 쉬고

태양은 하루를 물고 나와
도래질하다

핏빛으로 물들여
널브러 숨을 죽이고 어프러져

손 샷갓으로 바라본 그 바다
포개어 리듬에 일렁이는데

더듬어 만져도
싫어할 어떤 이유도 없는
그 바다를

기막힌 우연 없을지라도
머물러 기억하고 싶다.

망각의 종

산사의 종소리는 아직 울리진 않았지만
긴장을 머금은 적막의 깊은 숨소리
멎으려는 듯

잠 깨워 지내는
단단하게 굳은 세월 틈바구니
보잘것없이 꽉 찬
번민의 부스러기들

진실에 앞세워 널리
만인의 입에 오르내려 끊임없이
움켜쥔 회연會宴의 세월

좌시해선 안 될 위엄으로 존재할 뿐
게으른 종
만인 깨닫기 이전에
자신부터 먼저 번민해야 할
망각의 종

지존의 아픔

화려함으로 우아하게 온몸을 지켜
맘에 뽐낸 백합

영원히 모습 그대로
곁에 머물러 주길 바란 기대

어느 때 쯤 피멍을 숨기려
아쉽게 고개를 떨구어 버렸었지.

지존의 아픔
마지막 그 후론
고개를 들어 보이지 않았지

진실을 거부하는 가지 마디마다의
고통이 그렇게나 아픔이더냐.

아낌없이 쏟아 붓는 너의 한계가
돌이킬 수 없는 그 날로
사그라 버렸구나.

미가식당

고추장 좀 더 주세요.
어서 오세요
이곳에 앉으셔요.
무엇을 드실까

동동걸음 모자라
어이 김치 좀 드려요.
말로 김치 대접하고
푸짐한 음식
여유로운 미소로
시장기 넉넉히 채운 손

물 한 모금으로
이 쑤시길 대신한
힘겨운 몸짓
자리에서 일어서며
잘 먹었습니다
한 마디에 위로받는다.

바람에 몰려가듯

때가 기울어 손 끊기어
바운더리 한가한데
허리도 엉거주춤

한숨도 내실 틈도 없이
허드렛일
날렵하게 마무리짓고

어깨는 처져 탁자 잡고
허리를 펴며
한숨 몰아쉬는 신음소리
그의 하루는 저물어간다.

백호의 포효咆哮

눈을 감았다

되돌아와서야
입을 열었다.

맘 빼앗겨 해마다
절실한 힘겨운 싸움

침묵의 잔해여
먼저 미소를 던지어라

백호白虎야 너의 포효咆哮의
기상이 부럽구나.

육십 년 동안 웅크린
너의 인내는 가상하나

이제 일 년을 위해
달려 보자꾸나

뻣시디 빼신
온몸의
근육이 지글거린다.

이제 마음을 비워라

실패는 익숙하지 않았고
울부짖음 용납하지 말자

그래도 힘들거든
웅크리지 말고 포효하라
환희에 이르도록

한 팔 벌려 우러러

세월 위에 뿌려
보고 느낀 추억을
토할 수밖에 없었던 날들

머물러 비운
안타까운 슬픔 속에서
가슴 치며 생각조차
거부하고픈 나날들

석양의 향연 귀한 추억
원망도 돌아서 버린
의미가 무엇이기에
우러러 한숨짓는 한 몸

세월 지나
무력함 견딜 수 없는 울분
한 팔 벌려도 외로움은
상위 그대로 남아 있는데.

태동의 몸짓

밤을 지새며
마지막 가슴앓이이듯
울어대던 파도는
분을 참지 못하고
사납게 밀려와 덮치고

미친 듯 부딪쳐
나뒹굴은 객기는
찢기어 하얀 피 뿌려
결국 붉은 망울로 퍼져
이글거린
태양의 지루한 몸부림

잉태의 꾸짖음에
물안개 사라진 그 너머에
울결*에 답하듯 무지개 피어
얌전히 넘실대는 파도
그렇게 지루한 몸짓은
태동의 몸부림이었나 보다.

*울결 : 가슴이 답답하게 막힘

돈의 독백

나는 누구이기에
누구에게나
내가 꼭 필요로 존재하는가

힘 쏠리고 머물기 원치 않으나
머무르기를
강요하는 이가 누구인가?

시기와 질투까지도 서슴지 않는
자존심들
나는 알지 못한다.

나는 나이면서도
네가 원하는
쉼의 맥박을 가늠할 수 없다.

나로 인하여
머무른 곳에는 희롱하며
여유롭게 웃을 수 있겠지만

머무르지 않은
다른 곳에는 원망과 한숨의
거친 숨소리

속여야 생존하는
허구의 저주
난 나를 알지 못한다.

머무르기를
원치 아니하고
돌고 도는 내가 되고 싶다.

사랑이었습니다

— 전철 안에서

집요하게 시달려
채워주지 못한 아쉬움
망설이다 손 내민 악수
사랑이었습니다.

빛깔 고운 장미꽃
아이처럼 가랑이를 붙잡고
머무르기를 바란 곁눈질도
사랑이었습니다.

전철 안
옹알거린 아이 햄버거 물려
야무지게 먹는 식탐도
얄밉게 예쁜 계집애 숨소리도
사랑이었습니다.

이놈 저놈 등살에 지친
뻔뻔스런 할머니 수다
지나칠 정도로 예의 바른
잡상인의 상술도

사랑이었습니다.

그리고
한강을 가로지른 전철에
몸을 맞춰 추는
무용수들 순간순간의 율동도
사랑이었습니다.
모두가 다
사랑이었습니다.

침묵 속에서의 하루

채워지지 않는 빈자리
마음 속에 묻어 번번이 쓰러지고
한숨과 공허로
다시 쓰러지는

녹색 푸르름
캔버스에는 담겨져
생명의 색깔로 뽐내더니
이내 사무침으로 긴긴 밤

고개 내저어 보채는
아이같이
어두움에 얼굴 내밀고 비벼
추억을 헤집어 건드리고

그럼에도 새벽은 먼데
이 밤이 지나면
후회로 이어지는 의미 없는
번뇌로 남아 힘 빼는 해리解離*

하루의 침묵을 토해 버리듯
이젠 골목 끝에 달린
어둠도 토해 버리자.

*해리 : 풀려서 떨어짐

옛날에는 등대였었지

영산강에 짓기어
홀로 서 있는 등대의 시름
바빠 눈코 뜰 사이 없었던 너
뱃사람들 너라면 생기찬
든든한 버팀목으로 믿었는데
지금은 무어냐
할 일이 없으면
자리를 내어놔야지.

드들강 버텨 주고
영산강 짠물 엾구리 짓고 흘러
삼베적삼 아낙네들
수다 바구니 옆에 끼고 서서
손가락 시켜
젓갈 찍어 맛봐 고개 끄덕이며
아제 이거 얼마요?

입은 두루마기 젖을까
포개어 허리춤에 매고
어물전 간갈치 서너 마리

지푸라기에 끼워 사들고
끼웃끼웃거린 촌부

이마엔 떼자구니 저린 수건
질끈 동여 고쳐매
좌판엔 홍어 몇 편 갈라놓고 소리 질러
홍어 한 점 푸짐하게 썰어
입에 넣어주던 인심까지도
너는 지켜보지 않았더냐.

꽉 찬 영산강 짠물일망정
그렇게나 퍼주지 않으면
궁색한 목포 앞바다이었더냐.

영산강 뱃길도 막혔지만
아직도 변함없이 서 있는 너
많은 사람들 몰라라 눈총 속
그래도 옛날엔 등대이었지
그때의 너를 생각하며
다시 짬 내어 들르련다.

자정의 침묵沈默

어둠을 붙들고
가풀막*에 한판 벌린
외로운 싸움

운명을 걸고 견디어 온
쉼 없는 담금질

낮에서 이어지는 밤
누구 섭리이길래

실골목 누비다 잠든 밤
잠꼬대에 잠깨어

노루막이*에서
부른 손짓만 남실거린
어둠에 깊이 묻힌 밤이여

*가풀막 : 가파른 급경사
*노루막이 : 막다른 산마루

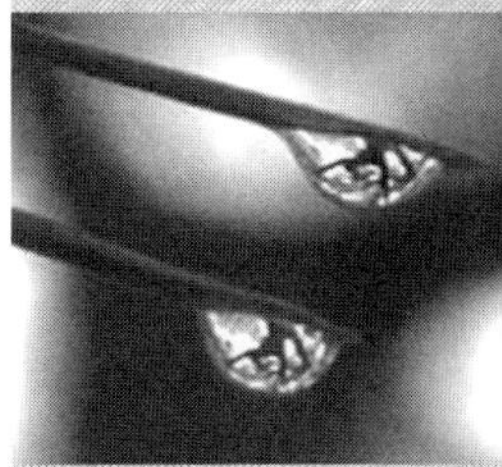

제2부

홀로 두지 마소서

하나님의 뜰

보소서!
하늘에 가까운
은혜의 샘이 넘쳐 흐르는
하나님이 사랑하는 뜰

그리고 사랑 안에서
두려움을 느끼는
거룩한 뜰

철쭉꽃 목단꽃
시샘에 뿌리 내려
화려함에 이르러도

눈물겹도록 견딜 수 없이
괴로움에 누적돼
서성이고 있는 영혼들

손짓에 부름 받아
주님의 단 한마디로
감동되어

가슴이 터지도록 소리쳐
눈물로 감사하는 뜰
하얀 철쭉꽃
순비함으로 마음 삭히고

위로부터 다스려
생명으로 이어지는
은혜의 샘물이 솟는
약속의 푸른 뜰

그 날

끊이지 않고 밀려
눈 비벼 온밤을 지새워

영혼이 넘나드는
야위디 야윈 얼굴
안타까움에
매달려 단장을 또 하루

어느 누구의
시샘이 그리나 매서워
감당할 수 없는
아픔으로 닦아온 날들
주 뜻대로 하소서

수레바퀴와 바퀴
서로 허물치 않고
꾸지람의 상처 어루만져
보상 받기에 합당한데

감시당한 채

이끌려 온 소망
그렇게나 소중하기에
감싸고 버티며 참아 왔는데
집요하게 시달리다

이미 그로 인해
진저리치게 아픈 고통이
갑절로 다가와
나의 육체를 흔드는 그 날
엉키고 찢긴
나를 사랑하는 사람아

거룩한 향

아무 허물도
새벽녘 어슬렁거림도 없이
감사하고 싶을 때
힘이 되어 주신 주님.

그 곳에 계셔
내가 매달릴 때
나를 품어 주소서.

간절히 원하오니
부수어 만든 나감향이라면
내 영혼 준비된 대로
태워 향이 되기 원합니다.

세상의 욕심 올무
주님의 뜻이 아니옵고
드러나는 삶도 상한 마음도
그 사랑이 아닐진대

질식하도록

미쳐 날뛰는 마귀의 유혹
강한 주님의
성령으로 붙잡아 주소서.

그리고
주님의 사랑으로
하늘 길 무한히 나는 나감향의
향이 되게 하소서.

홀로 한분이신 주님

자손에게서 자손에게
회오리 억센 비바람 눈 흩기며
휘감겨 밀려오는 자손을 마중 나가
반길 여유도 없었고
또 어서 오라는 눈인사도 못했습니다.

초록 이슬 맑게 시작된 하루
발그림자 사이를 넘나드는 위선
그 자취에 뿌려진 시기 질투 못된 아우성
내세우기를 고집하고 지배하려는
오기에 쌓인 오만 깊은 속내 드러낸
아겔다마라의 비극의 극치
사유 받지도 못한 채

마지못해 밀려 떠나보낼 자손을 보고
왜 어디로 떠나느냐고 묻는다면
마지막 홀로 떠나보낼 텅 빈
마음 언저리 아픈 연민 때문에
대답을 감당할 수 없어
차마 잘 가란 손 인사도 못했습니다.

영혼에서 영혼에 이르러
사모하는 그의 영혼 만족케 하시며
주린 영혼 한시도 떠남도 없이 머물러
누리 보듬으로 우겨싸 감싸주실
주님의 간절한 마음
등 토닥이며 어루만져 주실 그 사랑

금실 같은 햇살 미소로 빚어지는 기쁨
이젠 맞이할 수도 떠나보낼 수도 있습니다
홀로 한분이신 곱스런 당신과의 인연
당신의 영토 안에서 길들여진
삶에 되돌아와서야
영리하게 참견한 선택
광야에서 부르짖는 당신의 거대한 꿈이여!
사랑합니다. 주님

어떤 이의 외목

나는 너무 무섭다.
소망으로 가꾸어 여유로이
내 마음의 뜰에 뛰노는 어여쁨이
너의 진심이었다. 믿어왔다.

마지막 한 방울 땀까지 빨아 버릴 듯
침 삼킬 여유도 허락지 않아.
쓸어내리는 가슴 다시 더듬어
쓸어내려도 등짝이 오싹 깎이어
내린 듯 자지러진 그리움
그리움의 파편이 나를 흔들었구나.

버려둘 삶이 아니기에 짓물러 가슴에 담기운
힘에 부친 눈물 한 짐 지고 서서
너의 비웃음 속에 뿌려질 인생
이 길이 진정 나의 길
영혼에 저린 그리움의 파편이라면
아~ 난 너무 무섭다.

지옥과 천당. 나에겐.

나의 선택과는 아무런 상관도 없이
지옥과 지옥의 늪에서 노랗게 질려
어둠의 모서리에서 웅크려 피할 길 없는 이 길이었다면
애초에 긴 여운으로 남기지 않았을 텐데
아~ 난 너무 무섭다.

남들에게 주어진 자아의 용기는 외면하면서
나의 운명의 길목 꼭꼭 꽂아 철저하게 지키면서
그렇게도 사정없이 몰아친 너에 대한 울분, 분노, 그리고 증오
마디마디마다 저려오는 그리움
아~ 난 너무 무섭다.

깊숙이 쏟아부어진 존재의 가치들
내가 지고 나타났기에 버텨야 할 운명의 선상에서의 선택은
돌아가는 맷돌 위 무릎 꿇고 엎드려 한 짐 쏟아 부운 눈물이
섣달 그믐 차가운 밤 녹지 않고 얼어 붙어 있다
뭐 같은 인생아~

황산벌 계백장군 생生과 사死의 싸움터
그 넓은 들녘 끝에 끝내 홀로 걷어차여 버려진 인생아

꾸역꾸역 헛기침에 속살이 찢기어 떨어져 나감같이
모질게 시달린 인생아~

나를 떠난 시간 중에 슬그머니 엉덩이 내밀 때
싸늘한 그림자 사그라지지 않는 환멸
내 그리움으로 아픈 이 밤 두려움에
떨고 저지할 힘조차 번번이 상실한 나
이제는 그만 하자.
입에서는 단내가 난다.

주여!
내가 주께 묻겠습니다. 듣겠나이다.
무지한 자로 깨닫지 못하였습니다.
듣기만 하였으나 이제는 눈으로 보고
티끌과 재 가운데서 회개하나이다.
주여!
듣겠나이다. 주의 품에 안으소서.
그 품에 안기겠나이다.

*성경 욥기 42:1~6 욥의 회개 중에서

하나님의 침묵

누가 뭐라 해도
진실이 아니면
손을 잡지 않겠습니다.

거짓이라면 더군다나
힘주었던 손을 놔 버리겠습니다.

근심하지 마소서.

주님을 인정해야만
우리 자취가 존재한 것처럼
나의 간절한 소망만이
주님의 역사는 진행되고

고통 속에서
보이는 것이 전부가 아님을 위로하시는
지극히 인자한 모습으로

주님의 역사
진행을 믿습니다.

기적에 이르도록

주님!
삶과 저주
문설주 표적 앞에
고집을 버린 지가 오래입니다.
주님! 우리를 용서하옵소서.

주님!
너는 누구냐?
말씀 앞에
나의 아집 버린 지 오래인 자입니다.
주님! 우리 무지 용서하옵소서.

주님!
세상 짐을 지고 가는
어린 양이란 깨우침에
숨이 끊어지도록 괴롭습니다.
주님! 우리 게으름 용서하옵소서.

주님!
나의 작은 순종

주님 기적의 능력 이루어진 곳에
도구로 사용하시옵소서
주님께 순종하리이다. 나타내소서.

주님!
주님께서
나를 포기하지 않으신 것처럼
외치는 자의 외침을
잊지 않을 것입니다.
주님.

성숙한 아름다움

참 기쁜 성탄절
영신의 새로운 마음 다짐으론
며칠 전 같은데 365일이 거의 차 버린
막바지의 응분으로
나는 마음에 은혜를 심었고,
은혜로 풍요로웠으며
기름진 옥토이었구나

어느 누구도 심기만 하면
풍성한 열매로 소망이 있는 텃밭
그러나 소망이 있기 전에
메마른 씨앗으로 들어와
한여름 뙤약볕과 비바람으로
환란을 치르더니

새싹이 날까, 나지 아니할까
걱정은 되었지만
여유로운 은혜로 싹을 틔워
푸르다. 초록의 수고로움으로
이미 땀에 젖어 두 손으로 훑어 짜면

생명의 색깔이 마냥 푸른
풋내음으로 우리를 긴장시킨다.

어여 가자 어서 가자
이미 익은 곡식 손만 대면
툭 떨어져 버리기 전에
소쿠리에 담아 곡간에 가득 채웠으니
부어오른 가슴 속살을 찢어
해오름 후세대 빌려온 자손에게
인심이나 써보세 그려.
질곡의 삶
작은 섬김 온땅에 이어져
그님께서 왼손으로 내 머리에 베개하고
오른손으로 나를 감싸 안으셨으니
성숙한 아름다움으로
사랑하리라.

그리고
그분이 오시는 그 길목에서
준비된 등불 들고 밝히오리이다.

당신은 선택받은 선민

주께서 지으신
주님의 뜰에서 일어났던 일

당신을 믿었기에
한 점도 의심하지 않았습니다.
그런데 당신은 번개와 뇌성 후 시린 소낙비
맨 가슴으로 감당하며 쥐어짜
한숨과 눈물이 한 곳에 있어 희석되고
삶과 죽음
환호와 박수를 받으신 선량한 선민

일사분란이 좌정坐定했던 그 자리 비우고
절박한 상황의 번뇌
태극기 깃발 아래 몸을 숨겨 두 눈을 부릅뜨고
침묵이 스쳐 지나간 그 자리
역시 당신은 용감한 선민입니다.

소매 걷어 가슴을 풀어 제치며
짧게 웃는 냉정한 근성
두 주먹 불끈 쥐어 한곳을 가리켜

억센 기염의 호령들!
그 긴 호령 앞에 암장되어진
고엽의 잔해처럼 흉측한 몰골들
아직도 끝나지 않은 소용돌이
이제 우리가 기염의 파편으로
돌아세울 것입니다.

당신과 우리들
당신의 추억이 훨씬 많은데
맞잡았던 손
철의 삼각지대에서 백마 395고지에서
다부동에서 낙동강에서
영혼의 늪으로 갈라졌지만

주님의 은혜로 우리에게 주어진 약속의 시간
동틀 무렵 새벽 안개 낀 동산에서
하늘 팽이로 자신을 태워 세상을 비추는 초와
당신은!
당신은 역시 의리의 선민입니다.

당신의 자명종

두 발로도 모자라
온몸으로 뭉겨대고 뛰기도 하시면서
버무리기를 재촉하며 마음만은 항상 콩밭
길쌈도 망설이지도 않으시고
흠뻑 젖은 땀 냄새조차도 싫지 않은 당신

진실만을 추려 드러나지 않게 예쁘게 포장하여
연민 속에 눈동자를 통해 가슴을 채운 사랑
보채는 아이 무릎에 눕혀 놓고 손수 길쌈한 수건 삶아
물에 적셔 이마에 올려놓고 놀란 아이 다독거린 당신.

전날 저녁 잘 자란 호박 잃어버린 분노보다
씨호박 잃은 서운함에 마음 쓰던 당신

놉 얻어 일할 때면 장만한 것 없어도 많이 잡수쇼.
놉 식사 끝날 무렵이면 멀리서 귀에 익은 앙칼진 목소리
연부댁 회진댁 인권어 장암댁 어서 오랑께 밥 묵께
용근어 아제 안 왔는가. 선호야 너도 어서 와
손짓 허공에 던져 놓고 마당에 들어서시며
오라 하면 얼른들 와야제. 애 터지는 당신

세월에 묻혀 살아온 날들 더불어 온몸이 삭아내려
한 잠이면 만족으로 체념하고 자명종을 울려
한밤의 지루함을 달래시는 당신
두 발이 이제 너무나 힘이 들어 지금은 네 발

전신에 검버섯 주름살 깊게 새긴 세월 뒤따라와
늙은 나를 데려가지 젊디나 젊은 것들을 왜 데려가
세월의 희우喜憂 속에 과거만을 먹고 사는
96살의 당신, 당신은 바로 장한 우리들의 어머니십니다.

도와주소서

두려움 안고 살아갈
명분도 기력도
맑은 하늘 바라보며
부끄러워할 자신도
세월도 거절할 수 없습니다.

망설이기도 하고
갈등도 견뎌내며 찬밥
물 말아 김치 한 입 씹어 넘겨
야위어가는 내 모습
세월을 거절할 수 없었습니다.

희망을 잃지 않고
진실하게 이야기하며
지내온 삶의 전부 앞에
막아서는 지루한 또 다른 삶
세월을 거절할 수 없었습니다.

같이 가자 약속하고
그리움은 따로 챙겨 놓고

기가 막혀 울부짖는 통곡을
귀 막고 떠나버린 그 모습
세월을 거절할 수 없었습니다.

도와주소서
나의 아버지시여
쓸데없이 보굿*으로 빛어진 이 영혼
그렇기에 아버지 사랑
더욱 간절히 원합니다.

주님 도와주소서.

*보굿 : 굵은 나무줄기에 바늘같이 붙어 있는 두꺼운 껍데기

예수쟁이

나는 예수쟁이입니다.
나의 아버지는 하늘에 계시고
그녀의 어머니 또한
성령님이라고 합니다.

그래서
나는 예수쟁이입니다
진짜 예수쟁이 말입니다
석삼년이 수십 번 지나도록
터전을 모르고 살았습니다.
바보같이

그리고
삼일을 주야로 어둠 속에서 지낸
요나를 생각하며
안타깝게 눈물 흘린
진짜 예수쟁이입니다.

동산에
사랑의 향기를 날리며

구원으로 통하는
진실만을 먹고 사는

그리고 행함으로 보여준
아버지 앞에 그녀가 있습니다.
영원히
함께 하실 주님

아가 일어나거라

— 30대 초 홀로 떠난 조카의 죽음을 슬퍼하며

일어나거라
그 곳은
새벽 햇귀* 자리가 아니야
한때 여우별* 무리 시샘이겠지

웅크리고도 토해낼 수도 없이
속마음 깊숙이 쥐어짜
아려 적시고

고개 고쳐 누울 힘도 없이
흰 여울* 민낯* 얼굴 드러내
사무침으로 붙잡고 목이 메어올 때

별밭 마음자리*
모습 들여다보고들
신음 속에 부서지는 애잔한 울분
어이 하란 말이냐?

아가 아가 일어나거라
푸르른 젊은 꿈

푸른 꿈 야망으로 준비된
소망도 끊어져 아픔으로 돌아오고
이제 막 시작의 약속도
비켜져 간 허무한 소망

품었던 너의 온 전신을
봉*으로부터
속살 찢어 세상에 드러낸 일성
기쁨으로 덧뿌리고
포동포동한 엉덩이 어울러 바쳐
둥개질로 마냥 행복했던
띠앗머리* 너였지

이제 일어서자 어서
새 하늘 새 땅을 보니
처음 하늘과 처음 땅이 사라졌다
보아라 아이야

하늘이 노래하고
땅이 춤을 추어 온 누리를 품어

부드럽게 머금은 작은 자
미소의 연민 주께 꾸어주었으니

이젠 너를 앞세워 내세울 것도
자랑할 것도 없구나.
나의 아이야

*햇귀 : 햇살
*여우별 : 궂은날 잠깐 떴다가 숨은 별
*흰 여울 : 물이 맑고 깨끗한 여울
*민낯(맨얼굴) : 꾸미지 않은 얼굴
*마음자리 : 본마음
*봉 : 개봉동 어느 산부인과
*띠앗머리 : 형제 자매 우애하는 정의

새벽 기도길

새벽 기도길
싱그럽게 온몸 감싸여
코끝 적시어 묻어나는 향기
여유롭게 갓 피운 나뭇잎
애교 저린 몸짓

성전 뜰안 목단 몇 그루
어제 보이지 않았던
아람의 햇살로 빗은
빨간 꽃봉오리들로 피어
당당하게 간증되는 신비로움

기도합니다. 주님
해돋는 때부터
입술에 머금으신 은혜 말씀
해질 때까지
주의 말씀으로 지으신 축복
놓치지 않으렵니다.

작은 예수

가슴 깊은 곳에
흘러 핏빛으로
시야를 가리울 때는
간담이 녹습니다.

여린 몸 부서져 사라지며
가슴 깊은 곳에
박히고 밀려 서성일 때에는
가슴이 아려 옵니다.

머뭇거리지 않고
진실의 고통 속에서 싸운 선한 싸움
누구의 몫으로 존재합니까?

민얼굴* 이뻐서
덧두리* 공으로 쏟아
몽구리* 마음자리
주님 앞에 있습니까.

*민얼굴 : 꾸미지 않는 얼굴
*덧두리 : 정한 값보다 더 받은 돈
*몽구리 : 바짝 깎은 머리

홀로 두지 마소서

삶의
고통 속에서
소망만을 위한
기쁨으로

의연한
모습으로
온유로
사랑하게 하셔

홀로
두지 마시고

기쁨이
사그라지기 전에
두려운
마음 잡아두셔

사랑
이루길 원합니다.

새벽길 두 황혼黃昏

젊음으로 이어져 이제까지
눈빛에 미소를 심어
숨기지 못하는 연민을 느끼며
꽃잎에 새겨

서로의 삶을 모두 맡기고
배신背信도 갈등도 적당히 느끼며
챙겨 안아야 하는 나날들.

온몸으로 가슴 태워 부대끼다
잠 못 이룬 그 저녁 뒤덮인
두 손과 두 발이
군림할 수 없는 자지러진 아픔의 세월歲月

삶의 고통苦痛과 괴로운 흔적을
참 삶의 진정眞情한 의미로 인내忍耐하며
사소한 일까지도 함께하며 바라본
진심眞心으로 다져진 가슴앓이

인적이 끊긴 미명 새벽 기도길

사랑으로 함께 어울려 걸어가는
가로등 불빛 아래
그 사람과 그 사람의 두 그림자

한 생애生涯에서 지켜보는 또 한 생애
황혼의 인내忍耐로 더디함도 없이 다져진
아름다운 반려자伴侶者
기도하오니 부디 행복幸福하소서.

영혼의 약속約束

한 마디 외침도 없이
애끓이다 깊은 잠 지나쳐
고개 숙인 당신.

생生과 사死를 만지작거린 어린 새벽
감당할 힘도 없었는지요.

가슴 치며 송구스러움
하루같이 애타게 부르짖었던 어머니!

어찌해야 됩니까.
이 가슴 아픈 슬픈 사연事緣
눈물 젖는 언저리.

어디서부터 당신과 이별을 마감해야 할지요.
가슴 치며 통곡한
무정의 울부짖는 곡소리.

마포 치마 적삼에 가슴 조이며 쌓인 한恨,
고통苦痛도 쓰라림도

모두 가슴에 끌어안으신 나의 어머니!

나는 가슴이 이렇게 절절節節한데
한 마디 말씀 눈빛도
허공虛空에 쏟아 부으시며
고개를 숙이십니까.

어차피 가실 길이라면,
붙잡을 수 없는 현실現實 앞에
편안히 가소서.

어머니의 천국天國 문門
며칠 후 그리고 며칠 후
요단강 건너가 만나자는
약속을 해 주소서 부디.

어머니!
그땐 고개 숙인 당신이라도
고개 숙인 당신이라도
꼭 품어 안을 것입니다.

순종한 여인

나의 삶 맡기엔
너무나 힘겨웠던
여인이여

잘 자라 예쁜
꿈 많은 여인이여

너와의 사랑이
메마른 씨앗으로 들어와
여유로이 싹을 틔워

주님의 딸로 순종하다
아침 이슬 동행하고

하늘로 돌아간 여인
사랑합니다
나의 여인이여—

주님이 좋으셨을까

좋으셨을까요
내어주지 않은 손길
정말 사랑하셨을까요

이슬호에 실려 천사들의 손짓에
까르르 웃는 모습으로
사뿐히 동행하였을까요

나눌 수 없는 몸
입맞춤으로 보낼 수는 없습니다
진실로

눈물을 원치 않지만
그래도 겉과 속 사이
눈물은 싫지가 않는데

삶의 고통보다
주께서 원하셨던 길
예비하신 길이라면 담당하소서
자유의 여인이여.

한 줌의 마음

그리움은
간절히 저려 오고
보고픔은 갑절로 다가와

깜짝 온몸 조이는 전율처럼
마지막 보여줄
한 줌의 움츠러진 마음

슬픔으로 저려 오는 아픔
또 다짐하여도
절망의 깊숙한 밑바닥

다시 만날 기약 없는데
애타게 기다려지는
한 줌의 움츠러진
마음이여—

제3부

새벽 이슬 내린 흔적 그 자리

새벽 이슬 내린 흔적 그 자리
오라 할 때 왔습니다/ 가슴 실려와도 아리따웠기에
촛불 켜지 마세요/ 그래 잘 가거라/ 까르르 웃는 예쁜 모습
나의 여인/ 혼자 떠날래요/ 너에게/ 담대하지도 못한 너를
어미의 소망/ 물구나무의 사연/ 영혼의 노래/ 아내의 뜰
사랑스런 여인/ 아름다운 사랑/ 어린 새벽이네요
어차피 떠날 거라면/ 아무도 없는 거기서
온몸으로 빚어진 몸짓/ 추억의 뜰에서

새벽 이슬 내린 흔적 그 자리

새벽 이슬 내린 흔적
그 자리에 흔적은
누구의 희생이었더냐.

누구도 아닌 바로
내 품에 잠들어 버린
새벽 이슬 내린 흔적 그 자리
주인공이 처음이리라.
그리고
마지막이리라 다행이도.

새벽 이슬
머금어 젖은 망울진 진주처럼
곱스런 얼굴에
마음도 여리고 예뻐

넘치지는 않았지만
부족함 없이 사랑을 이끌어
믿음을 뿌린
여유로운 흔적 그 자리.

절규로 저려 오는 가슴
미소로 버티어 온 그 자리
이를 꼭 깨문
그 진실이 얼마나 외로웠던가.

존재 가치를 외면하고
거대한 자연의 품속 한순간 사뿐이
온몸 잠겨 멈춰 버린
새벽 이슬 내린 흔적 그 자리

적셔 망울진 그 자리에
고이 간직하고픈 그 자리
길게 우는 여심.

오라 할 때 왔습니다

오라 할 때 왔습니다.
가라 할 때 갔습니다.
그런데 왜
같이 가자는 말은
하지 않았습니까?

오라는 손짓도
가라는 손짓도 말아야
그랬어야 했습니다.

만남으로 간절히 원했던
어리석음이 이리
애절하게 가슴 미어져
아직도 끝나지 않는 그리움

왜 앞서서
같이 가자고
말하지 않았습니까?

가슴에 묻은 사연

온전히 간직하라 하기엔
지난 추억 소유한 괴로움보다
갑절로 힘이 드는데

맘 속 깊은 인연
새벽 바람에 실려 떠났듯이
부디 하늬바람
끝자락 붙잡고라도 돌아오시오.

가슴 실려와도 아리따웠기에

보고 싶을 땐
어떻게 해야 하나요

소망을 이은
안도의 한숨
온전하지 않음을
임이여
가슴이 시려 옵니다.

아리따웠기에
애잔하게 다가오고
간절하였기에
지워 버릴 수 없는
그리움

달구어진 채
아파와도
돌아서지 못하는 아픔
거부 못할 어우름을
그대는 알고 있나요

촛불 켜지 마세요

그때는 더는
촛불을 켜지 마세요.

임의 촛불 의심하지 않았듯
임의 믿음 또한
의심하지 않았습니다.

다져진 믿음으로 바라보면서
의지와는 달리 임의 촛불이
흔들리고 있음을 느꼈습니다.

임의 촛불 꺼져 버리면
묻혀 살아온 슬픔 도려낸 거친 숨소리로
나의 촛불도 꺼져 버릴 것입니다.

그땐
촛불을 켜지 마세요.
손 내밀어도 잡을 수 없는 손
혼자 남기어진 그곳
촛불을 켜지 말아주세요.

그래 잘 가거라

곁에 머무는가 싶더니
몰려온 구름 사이
가랑비 단 한 차례에 처져
차가운 악수가 고작이더냐

삭아 내린 야심은
찾을 수 없는 허상뿐
허구한 날 묵혀 지내온 네 아픔
끼어들 틈조차 없었더냐?

아직도 창창한 너의 날인데
허리 구부리어 새우잠
뜰엔 봉숭아 한 그루 심지 않고
온몸이 이글거려
아마에 주체 못한 참담한 설움

퍼런 멍이 풀리기도 전에
체온계를 겨드랑에 지닌 채
내공의 한계를 넘지 못하고
깊숙이 안기어

몸 풀어 떨어져 버린 최후

고통의 시린 맨손
삶과 죽음 거머쥔 맨손
운명을 가르고
한군데 몰아넣고 토해내라
깔깔 웃으며 희롱하는구나.
그래 잘 가거라.

까르르 웃는 예쁜 모습

마음으로 이어진
목마름의 미소

너와 나
맘 하나로 빚은
따사로운 사랑의 흔적

까르르 웃는
모습 속에서 삶이

이젠
아픔으로만 남아
고통 속에서도

숨 고르기에 지친
아물지 않는 족쇄로
남아 버렸습니다.

나의 여인

판탈롱 바지 롱 코트에
소두마끼 긴 머리

삶에 무르익어 유머까지 갖춰
주머니에 양손을 넣은
뒷모습의 여인

모자람을 나누고 진실을 인정하며
잘못을 용서로써 삭힌
나의 여인

화냄을 침묵으로 무던히도 참아온 세월
아쉬움 없이 성스런
나의 여인

휘몰아친 거센 바람 깊이 불어
꼬집어 견딜 수 없는 고통으로 몰려

괴로움의 날들
침묵 속으로 사라진 여인

혼자 떠날래요

나를
따라오지 마세요.
그리고
그림자도 밟지 마세요.

홀로 떠남이
좋아서가 아닙니다.
숨죽여 소유하기 위한
옅은 바람 때문도 아닙니다.

강이라도 좋습니다.
새우깡 유인하여 놀다 간
한순간
뱃머리도 좋습니다.

개나리 울타리 노랑꽃
우아한 목련화
곁이라도 좋습니다.

이곳 저기서 지체하며

익숙지 않은 미소 흘리며
떠나고 싶습니다.

바람입니다.
그림자를 밟지 마세요.
따라오지도 마세요.
발걸음 멎은 곳

수양버들 잎 피고 한 팔 벌린
사이사이로
하늬바람 머금을 땐
그땐 상큼하게 돌아오지요.

너에게

사랑이라고
속삭였었지.
나의 너에게

완성되진
못했을지라도
나의 너에게

감미로운 목소리로
너의 볼에
속삭였었지

확인도 필요 없이
행복했던
나의 너에게

단 한사람 시작된 정
너에게
속삭였었지.

비집고 들어와
내어주지 않는 너에게
쉼 없이 속삭였었지

그리고
남겨져 지울 수 없는
나의 너에게

바보처럼
나의 너에게
사랑이었었다고
말하였지.

담대하지도 못한 너를

애잔하게 다가서
왠지 설디 선
눈흘김에 밀린 듯
곁에 있어도 잡히지 않는 너

밀려 지쳐
외로움으로 지낸 날들 앞에
마음 어찌 알 수 있겠냐.
아직도

털어 놓고 이야기하자꾸나
오랜 속마음엔 무엇을 두었느냐.
그런 너를
누가 믿기 옯다 하겠더냐.

담대하지도 못한 너
노란 블라우스 색깔 좋은 너일망정
믿기도 전 실망이 앞선데
외로움을 견딘 간절한 원이었다.
그 눈물이라 믿겠느냐

이제는 상큼하게
밀어내려 해도
굳이 붙잡을 양이면
함께 할 수밖에 없는 너라면
감싸 안을 수밖에 없지 않느냐.

더 이상 사랑이라고 말하지 말자.
그러나 쓴 나물 한입도
나를 위해 먹지 않으마.
우리의 생존 의미가
가슴으로 뜨거운
우리이기 때문이리라.

어미의 소망

큰 놈의 어미였습니다.
그리고 작은 놈의 어미로
소중한 것으로 채워 주기 위해
삶으로 살아 숨 쉬는
젖줄을 터놓았습니다.

터놓은 젖줄을 붙잡고
큰 놈은 보채고
작은 놈은 엄마의 마음과 무릎에
자리를 잡았습니다.

어느 때쯤일까
소망의 결실도 다 포기한 채
어미는 지금 자리를 비웠습니다.

슬픔
그리움
몸 서림 속에서도
빈 자리는 결코 채워지지 않았습니다.

물구나무의 사연

가슴을 헤쳐
털어 버리려 했는데
살래살래 고개 내저어
얄밉게 버티고 서서
젖은 눈으로
둥지를 틀어 버렸습니다.

뿌리치기에는
이미 늦어 이제 와선
아픔으로 다가와
괴로움과 한숨으로 대신한 세월

그리움에 숨어 우는 몸부림
그것이었나 봅니다.
그리고는

물구나무서듯
숨이 막혀 견딜 수 없어
야위어가는 얼굴
바로 그것이었나 봅니다.

영혼의 노래

얼마나 울어야 합니까.
당신의 허울을 붙들고
이렇게
아프게 울어야 합니까.

당신 곁엔 사람이 끊기어
향은 타지 않는데
침묵의 한 장으로 얽혀
기다릴 순 없잖아요.

마지막엔
처음 본 나에게까지 보임이
실수였다고
보타 버린 그믐달
한속 들린 모습 사이를 오가며
대답을 미루네요.

왜인가요
얼마를 더 울어야
마음이 움직여질까요.

나와 닮았기에 닮았으면
사랑도 닮았으리라 믿습니다.

죽음의 온도를 피해
따뜻한 가슴으로 덮어
진실 앞에 진실한 삶으로
맹세한 사랑이여
나의 사랑이여

생명으로 대신하여질
아낌없이 바쳐지는 사랑으로
머무를 것입니다.
나의 당신이시여.

아내의 뜰

한 폭의 그림이듯
지난 여름도 그랬고
지금에 와서도
변하지 않았습니다.

뜰에 흘러 넘치는
찬양의 손짓도 그랬고
의연한 모습 속
개염을 머금은 미소 띤 얼굴
속삭이는 모습도
변하지 않았습니다.

변한 것이라곤
누리에 예수쟁이
희나리 주위에 몰려 춤을 추는
영혼들 외에
지금에 와서도
변하지는 않았습니다.

짓이겨진 슬픔 속

칼 벼랑 위 구석진 자리
돌봄도 멈춰
이것만이 최선이라는 믿음으로
세월에 등 대고
기대는 것 외에는

나 역시
변하는 것 없었으니까요.

사랑스런 여인

모연하고 곱단한
예쁜 얼굴
예쁘게 살아 줘서 고마워요

오직 한 마음으로
곁에 있어 위로하고

작은 몸짓으로도
마음 조이어
살포시 나의 품에
안기인 그대

내가 그대 사랑함은
사랑 받을 만한
그대이기 때문입니다

그리고
그대 사랑함은
내가 행복해지기 때문입니다.

아름다운 사랑

따스한 품에 안기듯
구름과 무지개의 운예
적당히 채색되어진 그 사랑 느껴

존재하지 않음이 아픔이지만
혼자라도
생명으로 돌아가라는
간절한 소망으로 남겨진 채

허리 꺾이는 황혼이라도 좋다.
드러눕는 석양이라도 좋다.
가랑이 걷고
걷고 또 걷자

이슬 머금은 풀잎
발등 대강 씻어
내 드러눕는 그 곳
삶의 의미가
느껴질 때까지.

어린 새벽이네요

어린 새벽이네요
더 아픔으로 다가설
가냘픈 손가락 사이로
뽑혀진 머리카락
너와 나 삶에 섞여

틈 벌려진 사이
소망도 비워진 아쉬움뿐
아픔으로만 남아
눈 감아 상큼했던 그대 모습
상처로 머물러

물음과 물음
상기되어 고르지 못한 숨결
다듬이질로 막아서
포기하기엔
더더욱 가슴이 여려오는데

아픈 가슴
애간장 저미어

잿더미로 태워가는 밤
매실차를 한 잔 더 마셔야겠네요.
쉰 새벽을 위해
어린 새벽 잠 재워야겠어요.

어차피 떠날 거라면

어차피 떠날 거라면
흔적도 남기지 말아야지
남기어진 채로
처절하게 시달려 내몰린 싸움

나를 한시도
떠나 있지 못한 너이면서
서둘러 사라져 가는 이유를
난 알지 못한다.

조금만 더
조금만이라도 머물러
주기를 애원한
부질없는 바람이었는지

네가 말을 걸어온다면
단연 입맞춤으로
너에게 가장
아름다운 말을 찾을 텐데

어차피
떠나야 할 길
가슴이 미어지더라도
보내 줘야지

하늘새
가벼운 날갯짓으로
하늘 바람 스치는 초원
바로 그 곳에서 노닐겠지

*하늘새 : 나의 마음에 상상하는 새

아무도 없는 거기서

아무도 없는 거기
상처 더욱 깊은 곳

서성이고 삭이는 거기
강요되진 않았지만.

질기디 질긴 고통
숨죽이는 침묵
해거름 속내 드러낸 거기서

나이기에 감당해야 할
홀로 한 세월 주어진 존재로
완성시켜야 할 몸부림

온전히 묻혀 살아온
너와 거기서
속 태워 시달린 흔적들

그때 그곳에서
아침 여명을 기다릴 뿐.

온몸으로 빚어진 몸짓

놔주어야 하기에
더는
붙잡을 수 없었습니다.

더 이상 머물러 달라
이제 와서까지도
부서져 달라고 더는
보챌 수가 없습니다.

홀로 남기어져
그녀에게 희생을 강요하는
온몸 빚은
욕심만으론

나무초리에 놓인
그녀의 한 마디에도 매양
가슴이 미어집니다.

침묵의 그 자리에서
문 열고 튕겨져
어둠 속에 매장되어 버린 밤

추억의 뜰에서

가슴이 아려옵니다
보낸 적도 없었기에
돌아온다는 약속도 없었습니다.

그로 인해 녹아 배었던
너의 향기가 묻어나고
선택함도 없이 선택되어진
일그러진 이별의 아픔

서서히 스며든 인연
온몸이 열병에 시달려
가슴으로 편지를 씁니다.

떠맡겨
시달려온 운명 속에
절박한 몸부림이라고

그리고
잊혀지길 원치 않는 인연
이 뜰에서 기다릴 거라고
추억의 뜰에서.

제4부

색소폰과 시인

가을/ 색소폰과 시인/ 나팔꽃 당신
사월의 애가/ 초록의 다이아/ 삶의 실수
시인과 낙엽/ 가을의 미소/ 고향 김치/ 그리움
길 모퉁이/ 탱자의 꿈/ 존재의 무게/ 한 시간의 전쟁
나의 노래/ 찻집에서/ 낙엽/ 두무개다리
하얀 풍차/ 코스모스의 외도
슬픈 가을

가을

한 공간에 뒤섞여 붉다 못해
눈물겹도록 흥분된
탐스런 가을 그 자취 남겨져

꽉 쥐인 손가락 사이 넘친 가을
마음으로 이어져 사각거리며
나를 붙잡고 나서고

내 발치에도 밟혀 아쉬워
더는 한 발짝도 나설 수 없도록 막아서며
이 가을 맘껏 취해 보라 한다.

내 몸에 너무 깊이 박힌 가을
착하지 않은 나를 꾀여
그림으로 남고 싶어하고

나는 짓밟혀 누워 버린
이 가을을 다시 일으켜 세워
나의 가을로 만들고 싶다
가을로.

색소폰과 시인

색소폰
결 고운 리듬의 미소
마음 설레이는 뜨락

분홍 색깔 애잔한
생명의 빛깔로 두드려져

봉숭아 예쁜
꽃망울 끝에
망울져 부르르 떨며
떨어지는 멜로디

누구의 혼이길래
그리 진실에 두 손 감싸
가슴을 에이게 하느냐.

분홍 나래 옷 속에
묻혀 녹여지도록
춤을 추자꾸나.

나팔꽃 당신

지울 수 없어 다가왔다기에

잊혀질까 봐 두려워
다시 다가왔다기에

애잔함이 묻어나
움씨를 하였습니다.

날로 야윈 모습 안타까워
더는 망설이지 않았습니다.

그리고 미워할 수 없기에
더더욱 망설일 수 없어
움씨를 하였습니다.

나는 아침 활짝 웃는
행복한 미소를 위해서
움씨*를 하고 있습니다.

*움씨 : 씨가 나지 않아 덧뿌린 씨

사월의 애가

설렌 가슴 애태우며
노랑 빛으로 단장하고

요염하게 수줍은 미소로
눈 속여 문안하는
유혹의 너일망정

다시 만난 너를
모질게 뿌리칠 수 있겠느냐.

식상해
노랑치마 벗어 던져
사월 어귀 초록으로

뻔뻔히 떠나버린
노랑 개나리꽃 넌
망각의 계절의 여인

초록의 다이아

매실 밭 마물게 자란 매실나무
가지마다 또록또록 붙어
하늬바람 결에
한 해가 익어가는 6월
입에 침이 고인다.

멍석을 깔고 멀찍이 서서
가지를 흔들 때마다
세월이 우두둑 떨어질 때
홍분된 탄성 비명에 가깝고

그때 쯤 얼굴로부터 시작한 땀이
윗도리를 적셔 여름의 풍성함을 실감하며
매실의 매력이 듬뿍

젖은 가슴으로 바라보는
초록 매실 야문 모습
계절의 수고로움으로 맺어진
초록의 홍분된 열매
넌 바로 초록의 다이아.

삶의 실수

허우적이는 맨손
가슴 조여 현실 앞에 드러누워
철쭉 눈부시도록
하얗게 질린 마른 내 입술처럼

목말라 외친 나의 심령
엿듣고 서성이다 외면하는
공포의 나날들

그립다.
덫에 걸려 끊을 수 없는 탄식이여!
아픈 내 마음의 절규여!
삶의 절대 실수였나 보다.

아직도 곤고한 그 길을 거닐고 있다.
마음 아파 온몸을 휘감겨
가눌 수 없는 그길 원친 않기에

침묵 속에 던져질
하얗게 질린 내 마른 입술의 기억들을.

시인과 낙엽

야만의 그림자 도사린
그믐달 눈 가리운
먹구름뿐

옷깃 여미는 쓸쓸한 밤
낙엽 쌓인 공원길 돌아
심취된 시인의 감동으로 머물러

리듬 건너 뛰는
시인의 노래로
기억되어지는 낙엽

발부리에 멈추는가 싶더니
짓이겨진 자리

소중한 멈춘 그 자리에
시인의 메모지에
다시 오겠다는
약속은 남겨놔야지.

가을의 미소

버짐나무*
곧게 자란
여유로운 공간

질기운
은행나무
비집고 들어가
비운 자리 빽빽이 채워

똘기* 녹색 구슬
부여된 만남
넉넉하게 자리 피워

영그는
노랑잎 날린
가을의 미소.

*버짐나무 : 플라타너스 나무
*똘기 : 채 익지 않은

고향 김치

고놈이 돌아왔다
아이, 예쁜 고놈이

낯익은 모습 수줍은 눈인사
빨강 레이스에 긴 드레스
흠뻑 미소지으며
고놈이 돌아왔다. 예쁜 놈

감칠맛으로 너의 혀가 온 입속을 휘감겨
이팝꽃 한 입 머금은 듯
군침 모아 삼키고,
너의 입술을 지그시 깨물며 뜨겁게 키스한다.

어찌 그것뿐이랴.
신비스런 맛 마음으로 호의 느껴
자지러져 바르르 떨며
입속에 침이 고일 때면
그땐 가녀린 너의 입술 위에
포개어 머무르고 싶다.
아이, 예쁜 고놈.

그리움

손짓도 아니 하였는데
망설임도 없이
속마음에 안겨
선혈의 지루한 싸움

괴로움
그 무게에 눌려
모습 그대로
한 겹 두 겹 벗겨지면

노출시켜진 채로
바들바들 떨며
심한에 젖어 올 때

옹색한 성화에
막아서던 머리 드러내기에
얼마나 괴로웠는지

길 모퉁이

소식은 왜!
오지 않을 거면서

부대끼다
다하는 잎새
마음 조이는 그리움

세월 새
기다림으로
하얀 갈대꽃 널브러져
흐느낌으로 서로 위로하는

날개 펴 주둥아리
들이밀고 날아든 철새
헤어졌다
재회하는 기쁨의 수다

곱스런 너의 모습
오지 않을 거면
남의 진실은 인정해야지.

탱자의 꿈

고이고이
간직하고픈
연결되어지는 삶의
탱자나무 꿈

잎으로 살짝 가리어
파란 모습으로
기억되어 드러내기
수줍은 듯

강요하지 않으마
너의 그대로
간직해 주고 싶은데

음률에 사로잡혀
가슴이 부풀어 오른
금빛 탱자.

존재의 무게

왠지
다짐도 스쳐 나간 외로움

침묵의 잔해들 더욱 뒤덮여
슬프게 외워대는 자취

존재와 삶 섞여져
저려오는 새벽

바라고 간직한 소망 무너져 내려
버틸 힘도 소진해 버린 영혼

조건과 무게로 달리어진 존재
수고와 삶과 싸움의 존재로

생을 지탱해야 할 서글픔
무릎을 꿇고

무력에 합의하는
사소한 번뇌까지 꾸짖어 달래며

이 새벽 홀가분한 마음으로
새 옷으로 갈아입는다.

한 시간의 전쟁

잿빛 하늘
밝아올 해는 아직인데

유리창 넘어 기웃거린 너
너에게
너무 깊이 이어온 연민
아직도 잿빛 하늘.

한 시간의 전쟁
유리창 언저리 부딪쳐 쌓이고
매달려 안달을 하다
소리 없이 흘러 부르짖는 아우성

그럼에도
계속해서 내리는 놈
하얀 놈. 세상에선 너를
첫눈이라 부르지.

나의 노래

너의 모습
그 존재에 매료되어
지워지지 않을 모습

예쁘게 단장하기를
마다하지 않는 너

시야에 가득히 담기어
감동으로 망설이지 않고
흥분으로 가슴 설렐 때 내민 손

채워지지 않는 간절함
그때는 너를 몹시 그리워하겠지

지금은 너의 뜰
심혼心魂 휘둘림에 시달리어
감싸주기를 거절치 않는 첫눈이
영원한 너의 무덤일망정

너는 곧 나의 노래 위에
영원한 사랑의 무덤으로 남겠지.

찻집에서

가름조차 무딘 마음에 걸린 세월
족쇄에 채워져 숨죽여 이김과
위엄으로 가득하고

싹 치이기 힘 모자란 듯
시늉만 내더니 부대끼다 못해
가지마다 잘리어 더는 감싸안지 못하고
홀로 버려진 찻집

어두움에 떨고 초조히 기다리다 지쳐
마음 상해 갓 떠나 버린
여인의 목소리인 양 남아

애처롭게 재는 해금소리
어울리어 빨리듯 엉덩이 내밀어 앉아
차 한 잔에 녹아지고

바구니 주홍색 때알 몇 개
온 여름이
소쿠리 안에 녹는다.

낙엽

하늬바람에 온몸 휘감길 땐
갈바람에 고개 내저을 줄 몰랐습니다.

갈색만도 아닌 것이 한줌 넘치도록 쥐어진
가을 냄새

찌들은 연노랑
맘 설렘의 결 고운 음율
이글거림으로 사로잡혀

몸 담가 태워 조여
몸서리치도록 시달리다
팔 벌려 안은 그 사랑

멀어지기 전 된바람
자포紫袍 잡고 씨름하다
나뒹구러진 패배라 해도

슬퍼하지 않음은 안식과 뒤에
비밀의 소망을 알고 있기 때문입니다.

두무개다리

지난 여름
숨 가쁘게
몰아쉰 숨소리도
이미 멎은 지 오래.

붙들려 매어진
모터보드 외출이 막힌
선착장 건너편

개나리 노랑꽃
살며시 다가서 고개 디밀
설레임으로 속 태우고

마음 조리며 기다리는
두무개다리*

햇볕 쏟아지는
양지 바른 문발치 팔짱 끼고
한가히 잠이 든다.

*두무개다리 : 실제 있는 다리로 강북 강변로로 한남대교에서 용비교 중간에 유리로 된 문처럼 몇 칸 내어져 있는 다리.

하얀 풍차

겹이진 산자락
호젓한 하얀 풍차
힘겨운 듯 바람을 가르고

이름 모를
긴 머리 노래하는 소녀
하얀 그랜드피아노는
흥겹지 않은 듯

수년의 세월을 넘나들며
공존 속에서
향수에 젖어

인연을 좇는 운율 읊고
무릎 위의 손은
알맞게 취해 있는데

그녀의 속삭임으로
이 밤 깊어간다.

코스모스의 외도

운명으로
부여된 만남도 빗나가
고추잠자리 앞서
오직 홀로 외롭게
기지개를 펴기엔 이른

위로할 마음
한 점 없는 나비
네가 버틴 울타리 너머
하얀 수염 옥수수가 비웃고
감나무 몸 부푼 초록감도
너를 비웃는데

오로지 코스모스
멋쩍게 웃는 수줍음에
다시 돌아갈 수만 있다면
잠잠히
그때 다시 피어라.

슬픈 가을

보탬도 없이
가슴 조이고
마음으로 느낀 가을

한 번의 입맞춤
젖게 하는 객기를 넘은
너의 속셈을 나도 알아야지

주려 쥐고 버티고 서면
싫지 않은 모습
끝내 말하지 않았기에

못내 잊지 못한 춤은
단연 단춤은 아닐 게다.
분명 고통의 몸짓일 게다.

아쉬운 눈질로
바들바들 떨며 머뭇거린
슬픈 가을
뇌까리며 견딜 수밖에.

작품해설

당당하고 가슴이 절절한 신앙시

– 김용태의 시 세계

김 용 오
(시인, 한국문협 시분과 회장)

1

외국의 어떤 시인은 시의 정의를 "간절한 구원의식이 바탕에 깔린 진정성 있는 기도"라고 해석한 분이 있었다. 어쩌면 그것이 많은 예술 장르 중에 시만큼 주관성이 강한 경우가 드물기 때문에 그런 말이 나왔을 것이다.

아무리 그렇다 하더라도 마치 위의 그런 시적 정의가 김용태 시인을 두고 한 말이 아닐까 할 정도로 그의 시작품 속에는 간절한 구원의식이 잔잔한 호수 같은 우리들의 가슴을 마구 뒤흔들어 놓는다.

그는 우선 우리가 몸을 담고 사는 이 지구를 〈하나님의 뜰〉이라고 보았다. 그리고 좀 더 구체적으로 한 번 더 그 '뜰'의 성격을 이야기를 하면 첫째는 "하나님이 사랑하는 뜰" 두 번째는 "두려움을 느끼는/ 거룩한 뜰" 세 번째는 "가슴이 터지도록 소리쳐/ 눈물로 감사하는 뜰" 그 마지막인 네 번째로는 "위로부터 다스려/ 생명으로 이어지는/ 은혜의 선물이 솟는/ 약속의 푸른 뜰"로 나눠 노래하고 있다.

말을 하자면 인간으로 태어나 이 세상에 살고 있는 분들이라면 어느 곳으로도 쉽게 빠져 나갈 수 없을 만큼 완벽한 범주로 구성되어 있을 뿐만 아니라 결국 우리들은 누구나 할 것 없이 하나님의 자식으로 살 수밖에 없는 피조물로서의 존재라는 뜻이다.

그러다 보니 아주 자연스럽게 늘 "힘이 되어 주신 주님"께 "나를 품어" 달라고 애교스럽게 매어달리기도 하고, "강한 주님의/ 성령으로 붙잡아 주소서" "하늘 길 무한히 나는 나감향의/ 향이 되게 하소서"라고 하늘을 우러러 마음의 두 무릎을 꿇고 간절한 기도 의식을 시로써 치루고 있는 것이다.

2

그의 시 가운데서 일반적으로 쉽게 볼 수 없는, 정말 눈에 확 하고 들어오는 시 한 편이 있다. 바로 〈예수쟁이〉라는 시제의 작품이다. 5연 23행으로 구성되어 있는 시 속에 나는 '예수쟁이'라는 구절이 4곳에 들어 있는 가슴이 아픈, 그러나 그에게는 행복한 시다.

나는 예수쟁이입니다.
나의 아버지는 하늘에 계시고
그녀의 어머니 또한
성령님이라고 합니다.

그래서

나는 예수쟁이입니다
진짜 예수쟁이 말입니다
석삼년이 수십 번 지나도록
터전을 모르고 살았습니다.
바보같이

그리고
삼일을 주야로 어둠 속에서 지낸
요나를 생각하며
안타깝게 눈물 흘린
진짜 예수쟁이입니다.

-〈예수쟁이〉 부분

미당 서정주가 그의 〈자화상〉이라는 작품에서 "애비는 종이었다."라고 폄하하여 표현하였듯이 그 역시 예수를 열심히 믿는 사람이 아닌 '쟁이'라고 아주 낮추어 시적 표현을 하고 있다. 원래 '쟁이'라는 말은 '장이'라는 접미사의 사투리로 사람을 낮게 이르는 말이다. 예를 들어 '욕쟁이' '거짓말쟁이' 등등…. 그러나 그것은 어디까지나 주로 타인이 눈앞의 대상이나 사람을 비꼬거나 비하할 때 쓰는 용어이지 스스로 자기 자신을 그렇게 함부로 말하는 것은 아니다.

그럼에도 불구하고 김용태 시인은 아무런 걸림 없이 매우 자연스럽게 사용하고 있는 것이다. 어쩌면 그것은 하늘을 우러러 한 점 부끄러움이 없을 뿐만 아니라 당당하고 강한 신앙심의 뒷받침이 없으면 언감생심 꿈도 못 꾸는 그만의 아름다운 세계다.

3

그러나 그에게는 안타깝게도 같이 두 손을 마주잡고 "인적이 끊긴 미명 새벽 기도길/ 사랑으로 함께 어울려 걸어가는/ 가로등 불빛 아래/ 그 사람과 그 사람의 두 그림자"라고 할 수 있는 그 "아름다운 반려자"와 끝까지 함께 못한 인생의 가슴 아픈 사연이 있다는 사실이다.

잘 자라 예쁜
꿈 많은 여인이여

너와의 사랑이
메마른 씨앗으로 들어와
여유로이 싹을 틔워

주님의 딸로 순종하다
아침 이슬 동행하고

하늘로 돌아간 여인
사랑합니다
나의 여인이여―

―〈순종한 여인〉 부분

그에게 "하늘로 돌아간 여인"의 동반자의 빈 자리는 아픈 상처로 남아 끊임없이 시적 화자를 괴롭게 하고 있다. 물론 우리가 알고 있는 눈에 보이는 사물의 흔적이 아닌 눈에 보이지 않은 마음의 흔적이기 때문에 쉽게 지울 수 없는지도 모른다. 허나 중요한 것은 이번 시집의 제목에까지 등장하고 있는 '흔적' 이라는 언어가 때로는 절망적이 아닌 슬픈 희망 즉 미래지향적인 재생의 힘이 될 수도 있다는 잠재성이다.

왜냐하면 그는 누구 앞에서든 스스로 '예수쟁이' 라고 말할 수 있을 만큼 강한 자부심과 당찬 신앙인으로서의 개인적인 삶을 지니고 있을 뿐만 아니라 하늘을 우러러 한 점 부끄러움이 없는 시인이기 때문이다

이제 앞으로 남은 세월 동안 그 아픈 상처의 흔적을 이타적인 삶, 다시 말해 또 다른 사랑으로 승화시킨다면 지금보다 몇 갑절 가치 있고 보람 있는 생활과 시적 세계가 그를 기다리고 있을 것이다.

이를테면 당찬 신앙으로 인한 더 멋진 삶의 신세계가 눈앞에 열리게 될 것이다.

김용태 시집
새벽 이슬 내린 흔적 그 자리
•
지은이 / 김용태
펴낸이 / 김재엽
펴낸곳 / 한누리미디어
디자인 / 지선숙
•
121-840, 서울시 마포구 서교동 395-13 서원빌딩 2층
전화 / (02)379-4514, 379-4519
Fax / (02)379-4516
E-mail/hannury2003@hanmail.net
•
신고번호 / 제300-2006-61호
등록일 / 1993. 11. 4
•
초판발행일 / 2012년 3월 23일
•

•
값 8,000원
•
※잘못된 책은 바꿔드립니다.
•
ISBN 978-89-7969-418-5 03810